HISTORIQUE

DE LA

CROIX-ROUGE

LA CROIX-ROUGE A REIMS

PAR LE Dr COLLEVILLE

Lecture faite à l'Académie nationale de Reims, le 13 Juin 1890.

REIMS

IMPRIMERIE DE L'ACADÉMIE (N. MONCE, Dir.)

24, rue Pluche, 24

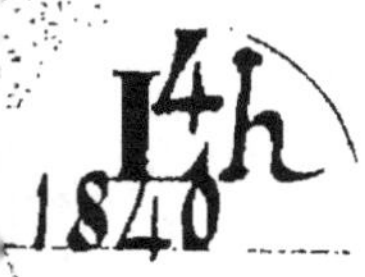

HISTORIQUE

DE LA

CROIX-ROUGE

LA CROIX-ROUGE A REIMS

PAR LE Dr COLLEVILLE

Lecture faite à l'Académie nationale de Reims, le 13 Juin 1890.

REIMS

IMPRIMERIE DE L'ACADÉMIE (N. MONCE, Dir.)

24, rue Pluche, 24

A Monsieur le Docteur Colleville,

à Reims.

Monsieur le Docteur,

*Permettez-moi de venir vous féliciter d'avoir écrit l'*Histoire de la Croix-Rouge*. Cet ouvrage vous fait le plus grand honneur par l'exactitude des faits mentionnés, par votre impartialité, ainsi que par les recherches historiques auxquelles vous vous êtes livré au sujet de la grande œuvre d'humanité universelle que vous avez prise à cœur.*

Ce travail consciencieux pourra être utilement consulté par les Comités de France et d'autres pays; c'est un Manuel précieux destiné à les guider dans leur organisation; ils pourront prendre exemple pour leur activité respective, en temps de paix, sur ce qui a été fait à Reims et autour de Reims, où, grâce à une intelligente et patriotique direction, se sont groupés de si nombreux amis de la Croix-Rouge, et où s'est formé un personnel « brancardier infirmier » déjà à la hauteur de sa mission.

Qu'il me soit donné, Monsieur le Docteur, de m'associer au témoignage que vous rendez avec tant de justice à deux hommes profondément vénérés, dont la mémoire m'est bien chère : le général Dufour, de Genève, et le comte de Flavigny, ainsi qu'aux membres du premier Comité rémois, qui tous ont si bien compris l'esprit de l'Œuvre en des temps difficiles et se sont prodigués pour les blessés pendant la malheureuse guerre de 1870, ne considérant que le bien à faire et laissant de côté les distinctions de partis, d'opinions et de nationalités.

C'est que dans l'Œuvre, dont le symbole est l'étendard blanc à croix rouge, il n'y a plus ni castes, ni sectes, ni riches, ni pauvres, ni Orientaux, ni Occidentaux; tous ont le même cœur et les mêmes sentiments charitables.

J'ai été profondément touché de la manière bienveillante dont vous avez parlé de moi dans votre ouvrage, Monsieur le Docteur, *en mentionnant des faits déjà anciens et dont la plupart sont oubliés.*

Veuillez en agréer toute ma gratitude et recevoir mes salutations respectueuses et empressées.

Henry DUNANT.

Heiden, 2 Septembre 1890.

HISTORIQUE

DE LA

CROIX-ROUGE

Par le Dr COLLEVILLE.

La sollicitude pour les blessés ennemis, si rapprochée des sentiments d'humanité, repose sur ce principe incontestable : « Ne fais pas à l'ennemi plus de mal que ne l'exige le but de la guerre. » Belle maxime qui a attendu la signature de la convention de Genève pour devenir une loi internationale d'une valeur universelle. Cependant, le principe de la neutralisation des blessés de la guerre était une idée vieille de plusieurs siècles, souvent ébauchée dans sa réalisation, mais paraissant destinée à un insuccès certain chaque fois qu'on essayait de lui donner un corps. Un homme est venu : Dunant, qui a été le promoteur de cette convention, acte de naissance de la Société de Secours aux Blessés, dite plus tard *Société de la Croix-Rouge.*

S'il est juste de rendre hommage aux nombreux et actifs organisateurs des comités et des sous-comités de cette institution, nous ne devons pas oublier ce que nos ancêtres, soutenus par un esprit de charité égal au nôtre, ont tenté de faire avec moins de bonheur.

Le thème général, sur lequel les conférenciers de la *Croix-Rouge* exécutent des variations avec plus ou moins de brio, se trouve dans le livre de M. Maxime

Du Camp. Cet académicien a écrit avec son cœur et avec son talent de littérateur délicat. Sa monographie, quoique un peu écourtée au point de vue historique, captive comme tout ce qui émane de la plume du maître.

L'ouvrage français qui traite le plus à fond du sujet est celui de M. Léonce de Cazenove, intitulé *La Guerre et l'Humanité au xix· siècle*, dont l'édition de 1869, depuis longtemps épuisée, a valu à son auteur de nombreuses récompenses.· C'est une sorte de codex officiel, contenant le texte de toutes les notes diplomatiques et de toutes les correspondances échangées à propos des conventions de 1863 et de 1864.

Nous avons entre les mains des documents encore plus précieux, émanant de la plume même de M. Dunant. Ceux-ci nous ont permis de reconstituer les précédents de l'Œuvre, peu connus dans notre pays, mais plus familiers aux Allemands, grâce à l'ouvrage magistral du Dr Lueder (d'Erlangen), connu sous la rubrique de : *La convention de Genève au point de vue historique, critique et dogmatique* (1876). Malheureusement pour nous, l'auteur allemand se laisse entraîner à des digressions quelquefois trop personnelles.

Nous sommes presque tenté de commencer ce récit par le traditionnel « il était une fois », tellement nous avons l'air de nous occuper d'un fait d'antan.

Parler de H. Dunant nous remet en mémoire la question suivante posée par le regretté professeur Trélat, à un examen de doctorat en médecine : « Connaissez-vous Empis ? » Le candidat cherche en vain dans sa mémoire parmi les contemporains du médecin de Cos. Le malin examinateur de répliquer : « J'ai dîné hier soir avec lui. Demain, à huit heures et demie du matin, vous le trouverez dans son service à l'Hôtel-Dieu. » C'est qu'en effet, depuis un certain nombre de lustres, il n'est plus question de notre grand homme, qui, respirant naguères les brouillards de la Tamise, vit maintenant retiré, volontairement inconnu, dans le canton d'Appenzell, où la solitude et une modeste pension de 1,200 fr. de rente annuelle, assurée par sa famille, lui permettent encore de s'occuper de ses chères études historiques et scientifiques. Ce *justum ac tenacem propositi virum* n'a pas craint de dépenser plus de 50,000 francs pour assurer en 1863 l'exécution de ses idées. On s'enrichit plus facilement à composer des romans naturalistes qu'à créer et à propager une œuvre de bienfaisance de cette importance, qualifiée d'*utopie* par ses concitoyens eux-mêmes.

Dunant, né à Genève le 8 mai 1828, appartenant à une famille genevoise ancienne et fort considérée, vivait comme un simple particulier. Son bon cœur le poussait vers les œuvres de bienfaisance et de charité. En 1856, il publia un volume contre l'esclavage américain (le comparant et le déclarant inférieur à l'esclavage hébreux et à celui des musulmans). Il fit éditer aussi quelques travaux littéraires et ethnographiques, entre autres une monographie sur *La Régence de Tunis*, alors fort peu connue, et qui lui valut le titre de « membre de plusieurs sociétés savantes de France et de l'étranger ». Mais son chef-d'œuvre fut *Le Souvenir de Solférino,* comme nous aurons l'occasion de le constater dans le cours de ce récit.

Après la vie agitée qu'il a menée de 1859 à 1864 et toutes les péripéties par lesquelles il a passé, ce sage a choisi une retraite digne de lui à Heiden, au milieu des montagnes, dans une de ces stations si recherchées pour les cures au petit-lait. De ses fenêtres, écrit-il, au delà du lac de Constance, l'œil découvre la Bavière, le Wurtemberg, le grand-duché de Bade et l'Autriche. C'est bien l'horizon qui convient à ce cosmopolite. Par une de ces coïncidences dont le hasard n'est peut-être pas le seul auteur, Dunant, qui a su s'imposer aux grands et s'attirer les sympathies particulières des souverains de l'Europe, réside maintenant dans un canton où s'est comme cristallisée depuis plus de cinq cents ans la plus vieille et la plus pure démocratie. Ce peuple, en effet, est bien lui-même. Rien de plus curieux, par exemple, que de voir réuni, le premier dimanche de mai, sur la place publique, le peuple entier (hommes), avec une vieille épée ou un sabre de milicien au côté, nommant ses magistrats à main levée, avec une solennité remarquable, après une prière et un chant de cantique. Tout se passe sans un cri, sans une contestation, sans une plaisanterie; on entendrait voler une mouche. La place publique est pavée de têtes calmes, dignes, sérieuses. Tous les électeurs sont là ; personne ne se dispense de venir, à moins d'une maladie grave. Cependant le canton est grand, il faut quelquefois parcourir un certain nombre de lieues à pied pour remplir ses devoirs d'électeur.

C'est donc au milieu de ces gens à mœurs patriarcales que Dunant désire terminer les derniers jours d'une vie si bien remplie. Qu'il nous pardonne si nous sommes venu le troubler dans sa quiétude ! Nous considérons comme un devoir de faire connaître l'œuvre du promoteur de la convention de Genève, ayant eu la bonne fortune de posséder les documents inédits, relativement aux précédents de cette convention. Si, dans la limite de nos faibles moyens, nous contribuons à tirer notre bienfaiteur de l'oubli, nous aurons fait œuvre pie, en attendant que le bronze vienne fixer ses traits aux yeux de la postérité, avec la devise : *Exegi monumentum perennius œre.*

Dans l'antiquité, au moyen âge, et naguères encore, la guerre était épouvantable. La cruauté était à l'ordre du jour. Si, dans les temps modernes, la fureur des combattants a diminué, les moyens de destruction, beaucoup plus formidables, ont rétabli dans une désolante proportion le chiffre des tués et des mutilés. Peu de choses avaient été faites pour atténuer les horreurs et les souffrances qui suivent habituellement ces luttes sanglantes. Avec les armées permanentes, on vit apparaître les services sanitaires officiels.

Mais, avant de montrer dans quelle proportion la *Société de Secours aux Blessés militaires* est venue amoindrir l'abîme qui sépare la grandeur des maux à secourir et les efforts tentés pour arriver à ce but, il est nécessaire de jeter quelques regards en arrière dans les siècles passés, pour se rendre compte de l'importance de l'œuvre humanitaire entreprise par Dunant.

Nous verrons comment la France a précédé toutes les nations de l'Europe dans la voie de la charité, pour l'organisation des secours à donner aux blessés militaires.

Le service de santé de ses armées, quelque défectueux qu'il fût, servait de modèle aux autres États. Il peut s'en glorifier à juste titre.

Nous avons en vain compulsé les recueils anciens relatifs aux soins que les Grecs ou les Romains pouvaient donner à leurs blessés sur les champs de bataille. Les auteurs restent muets sur ce point. Il ne ressort de leurs récits qu'une crainte respectueuse inspirée par la vue de leurs morts et un profond mépris pour les cadavres ennemis.

Beaucoup de seigneurs du moyen âge, entraînés par

leur ardeur belliqueuse, se livrèrent à des excès que n'excusait pas leur réputation de preux chevaliers. Heureusement que la châtelaine française venait, avec son cœur de femme, réparer les violences de l'époux. Elle apparaissait comme un ange tutélaire, prodiguant les trésors de sa charité et ses soins intelligents aux victimes des combats. Le médecin ordinaire des seigneurs féodaux, appelé *mire, idoine aux pansements*, gratifiait également des secours de sa science les pauvres vassaux du maître, et même parfois les blessés ennemis.

Avec Ambroise Paré fut inaugurée une médication logique appliquée aux blessures. Voyant un jour un soldat presque mourant, abandonné par ses compagnons dans un fossé qui devait être son tombeau, le savant praticien se fait à la fois pour lui médecin, pharmacien et infirmier. Il réussit à sauver le moribond ; les soldats émerveillés improvisèrent un brancard pour y porter à la fois le chirurgien et leur camarade qui était sauvé. Telle fut l'origine de la première ambulance militaire.

Le prince de Parme, Alexandre Farnèse, conclut le 30 novembre 1581 avec la ville de Tournai une capitulation par laquelle la garnison obtint de sortir librement de la place. Cette convention est conçue dans les termes suivants : « Quant aux blessés et malades qui, pour leur infirmité, ne *pourront* présentement sortir, l'intention de Son Altèze estre, quand ils se porteront mieulx, qu'ils jouissent des mêmes bénéfices que leurs compagnons, et que aucungs et aultres sera donné passeport et convoy pour les conduire jusques à ce qu'ils soient bien hors de danger. »

Déjà en 1188, le sultan Saladin, qui venait de s'emparer de la ville de Jérusalem, avait désigné l'ordre hospitalier des chevaliers de Saint-Jean de Jérusalem pour soigner les blessés des croisés. Cet ordre a persisté en Prusse et appartient actuellement à la réforme luthérienne. Toute trace de son ancienne destination avait été perdue. De nos jours, les chevaliers de Saint-Jean, laïques, sont redevenus hospitaliers : les blessés n'ont qu'à se louer de leur intervention secourable. Ils ont fait bâtir un grand nombre d'établissements. A côté de la grande croix noire maltaise prussianisée, ils portent le brassard blanc à la croix alézée de gueules. Ils se sont complètement ralliés à l'*OEuvre de la Croix-Rouge*, dont ils forment une branche importante. En Espagne et en Autriche, les chevaliers de Malte, catholiques, se sont joints également à l'œuvre internationale des blessés.

Dès la fin du xvie siècle, des traités d'échange ou conventions temporaires, dites *cartels,* font mention des malades et des blessés : mais ceux-ci doivent payer pour leur rançon et se faire soigner à leurs frais. Enfin, s'ils ne sont pas de très hauts personnages, on ne s'en inquiète guères.

Le grand Sully créa en 1597 les hôpitaux fixes et des ambulances pour l'armée : « J'étendis, dit-il dans ses *Mémoires,* mon attention jusque sur le simple soldat en établissant dans le camp un hospital si bien et si commodément servi, que plusieurs personnes de qualité s'y retirèrent pour se faire guérir de leurs maladies et de leurs blessures. » Il fut secondé en cela par un professeur de la Faculté rémoise, le Dr Nicolas de la Framboisière.

Peu de temps après, la présidente de Goursault fonda à Paris l'*OEuvre des Hôpitaux.* Cette dame se rendait elle-même dans ces maisons de douleur qui étaient alors tenues d'une manière détestable. Elle y affrontait les épidémies au chevet des fiévreux et des malades, chose fort inusitée à cette époque. Bientôt d'autres femmes du monde se joignirent à Mme de Goursault. Un nouvel horizon s'ouvrit à la charité chrétienne ; l'institution des hôpitaux fut créée, et l'immortel saint Vincent de Paul en prit la direction. Celui-ci organisa, en 1634, l'admirable corporation des *Sœurs de Charité,* à l'usage des pauvres malades. Un service de santé, analogue à celui de la France, fut introduit dans son armée par Frédéric le Grand, qui créa en Prusse deux places réservées à des chirurgiens français. *O tempora ! O mores !*

Dans le cartel d'échange du 26 mai 1673, conclu entre la France et les États généraux, il est dit pour la première fois que « les médecins, les chirurgiens, les pharmaciens, etc., seront libérés sans rançon ». Mêmes stipulations figuraient dans le traité arrêté entre l'empire d'Allemagne et la Suède à Zittau, en 1642 ; entre la Suède et la Bavière électorale, le 27 juillet 1646 ; entre la France, l'Espagne et les États généraux, le 19 mai 1675 ; entre la France et l'Espagne, de nouveau le 20 octobre 1689, et enfin entre la France et le duc de Savoie, le 19 octobre 1690.

Les archives communales de Rocroi, fouillées par le savant archiviste des Ardennes, M. Paul Laurent, nous donnent quelques renseignements curieux sur les subsides fournis aux troupes royales par les habitants de Rocroi, après la bataille du 19 mai 1643, notamment au point de vue qui nous occupe :

« 240 livres pour le salaire des 6 personnes qui aidèrent les chirurgiens à panser et à médicamenter les prisonniers ; enterrèrent ensuite près de 400 morts et nettoyèrent le champ de bataille pendant 12 jours.

« 90 livres pour les dépenses de ces 6 aides, nourris durant ce temps « avec vin et viandes » pour supporter les infections et puanteurs qu'ils recevaient des blessés et des morts.

« Quand il fut question d'emmener les prisonniers, on donna : 96 livres tournois au sergent Lamotte et à 5 voituriers pour conduire à Novion-Porcien, au mois de juillet, le nommé dom Balthazar et 14 autres officiers ennemis restés dans la ville à la suite de la bataille, à cause de leurs blessures.

« 609 livres à divers échevins et à 15 voituriers de Rocroy et de Blombay pour avoir mené à Mézières, du 22 au 30 mai, 498 prisonniers blessés et 28 soldats français et suisses.

« 2 chirurgiens, payés par la ville, furent occupés aux pansements des blessés. »

Malgré les nombreux sacrifices d'un siège, l'humanité ne perdait pas ses droits.

Depuis l'époque où la mise en liberté sans rançon des médecins et des infirmiers a été décidée, on a pris encore des dispositions spéciales en leur faveur. C'est ainsi qu'à Strasbourg, le 27 août 1675, un cartel entre la France et l'Allemagne déclara que les médecins ne pouvaient être dépouillés. Même convention entre la France et les États généraux, le 29 décembre 1690.

La première idée, un peu générale, de préserver les blessés des horreurs des représailles, du massacre, du pillage ou de l'abandon, en déclarant les hôpitaux inviolables en temps de guerre, remonte à l'an 1743. Elle est due au maréchal français, duc de Noailles, et au comte Stair. Elle doit être regardée, selon M. Dunant, comme un premier jalon de l'idée de *neutralisation générale* dont il n'appartient à personne, dans le siècle actuel, de revendiquer la priorité. Cette idée a pu et dû venir, comme les faits historiques le prouvent amplement, à l'esprit d'un très grand nombre de personnes ; mais elle fut temporairement mise en pratique par ces deux généraux en chef, avec l'approbation des rois de France et d'Angleterre, lors de la guerre de la succession d'Autriche. Ils signèrent, après la bataille de Dettingen, à Aschaffenbourg, près de Francfort, le 27 juin 1743, un cartel ou convention touchant la protection des blessés et des hôpitaux, dans lequel cartel l'inviolabilité des hôpitaux de campagne fut pour la première fois reconnue.

Ce qui donne le beau rôle et la priorité au maréchal de France, c'est que, deux mois environ avant ce traité d'humanité, il battit les troupes anglo-autrichiennes, et que le roi Georges II d'Angleterre, qui les commandait, échappa à grand'peine, avec 40,000 Anglais et Autrichiens, au duc de Noailles qui l'avait enfermé entre Aschaffenbourg et Dettingen, sur la rive droite du bas Mein. L'idée vient-elle d'un médecin anglais, autrichien ou du duc? Ceci est d'autant plus difficile à savoir que les grands s'attribuent volontiers le mérite des petits.

Louis XIV, en 1708, avait établi comme conseillers de Sa Majesté des médecins, chirurgiens, inspecteurs généraux et des majors à la suite de son armée.

En 1731 fut fondée l'Académie française royale de chirurgie, où les médecins militaires puisèrent les leçons et les traditions qui font encore la gloire de ce corps. Enfin, les règlements de 1747, 1780 et 1788 assimilèrent les chirurgiens militaires aux officiers d'armée.

Après le traité de 1743, une autre convention temporaire importante en faveur des blessés fut signée à Sluys, en Hollande, le 6 février 1759, pendant la guerre de Sept-Ans, par le marquis de Barrail et le major général anglais, sir Henry Seymour Conway. La même année, le 7 septembre, un autre traité d'humanité plus célèbre, et connu sous le nom de « Convention de Brandebourg », fut conclu entre la France et la Prusse, Louis XV étant représenté par le maréchal de Rougé, et l'autre partie contractante par le maréchal baron de Buddenbrock. Dans ce « cartel par échange et par rançon, les grands personnages, avec leurs écuyers, maîtres d'hôtel, valets de chambre et autres domestiques, ainsi que les membres des administrations d'armée, les intendants, aumôniers, médecins, chirurgiens, apothicaires, infirmiers, etc., ne sont point sujets à être faits prisonniers de guerre et doivent être renvoyés le plus tôt possible ». L'article 27 déclare « qu'on prendra soin des blessés des deux nations belligérantes, qu'on paiera les médicaments et leur nourriture, mais que les frais seront restitués de part et d'autre ». L'article 28 est relatif aux malades; il dispose que « ceux-ci pourront rester en sûreté dans les hôpitaux et qu'ils seront renvoyés par le plus court chemin, sans pouvoir être troublés ni arrêtés ».

Enfin, un quatrième grand traité fut conclu à Hadmersleben, le 19 octobre 1757, entre la France et la Prusse, sur les mêmes bases que les précédents. Ces quatre traités (Aschaffenbourg, Sluys, Brandebourg et Hadmersleben) nous montrent ce qui, au milieu du xviiie siècle, a été fait de plus complet à l'égard des blessés et des malades. Malheureusement, les cartels d'échange conclus postérieurement ne se préoccupent plus avec autant de détails des soins à donner aux victimes des combats ; il en existe qui, pendant la dernière partie de ce siècle, n'en font plus même mention. Citons encore avec quelque éloge le traité conclu entre la France et l'Angleterre, le 12 mars 1798, dans lequel

surgit une disposition non prévue auparavant ; à savoir :
« Les prisonniers de guerre qui, en suite de blessure, de
vieillesse ou d'infirmité, ne sont plus propres au service,
doivent être renvoyés *dans leur pays*, sans égard aux
dispositions arrêtées pour les prisonniers. »

En 1764, juste un siècle avant la réalisation de la
convention de Genève, un philanthrope français, M. de
Chamousset, intendant général des hôpitaux des armées
royales, fort des expériences faites sur le théâtre de la
guerre en Allemagne, de 1761 à 1762, demandait, dans
un *Mémoire sur les hôpitaux militaires,* si le moment
n'était pas venu d'établir parmi les nations civilisées
une convention réclamée par l'humanité : « Comment
est-il possible, dit M. de Chamousset, que les nations
policées ne soient pas encore convenues de regarder les
hôpitaux comme *les temples de l'humanité,* qui doivent
être respectés et protégés par le vainqueur ? » Honneur
à notre compatriote de Chamousset !

Un autre Français, Peyrilhe, désireux comme M. de
Chamousset d'universaliser et de perpétuer les traités
conclus entre Louis XV, Frédéric le Grand et Georges II, écrivait en 1780 : « Aujourd'hui, les souverains
ne devraient-ils pas convenir entre eux par une loi, non
moins sacrée que celle de prendre soin des malades ennemis faits prisonniers, que les hôpitaux militaires
soient, de part et d'autre, des *asiles inviolables* pour les
malades et pour ceux qui les servent ; que ces locaux
soient regardés comme des *sanctuaires* dont il n'est pas
permis d'approcher les armes à la main ; enfin, que ceux
qui les habitent ne soient pas réputés prisonniers et
n'entrent point dans la balance des échanges. »

Pour en finir avec le xviiie siècle, mentionnons le
Rapport de Sillehouette, relatif au traité conclu par le

maréchal de Noailles, ainsi qu'une *Esquisse historique du service de santé militaire,* par Gama.

A l'aurore du xixe siècle, l'illustre Percy, inspecteur général du service de santé des armées de la République et chirurgien en chef du corps d'armée du général Moreau, se distingue à son tour par les sentiments d'humanité qu'on aime à retrouver à cette époque belliqueuse. En 1800, pendant la guerre dans la vallée du Danube, il proposa à Moreau une convention basée sur les principes mentionnés plus haut. Celle-ci fut acceptée par le général autrichien, baron Kray. L'armistice conclu à cette époque empêcha cette convention d'être mise à exécution. Non seulement elle spécifiait que les hôpitaux seraient regardés comme des asiles inviolables; mais encore elle voulait, observe M. Dunant, que « les militaires guéris fussent renvoyés à leur armée respective, avec escorte et sauvegarde », ce qui est un progrès sur les cartels des siècles précédents. Le Dr Laurent, neveu du noble et généreux Percy, a écrit la biographie de son oncle. Il nous fait savoir que cette convention serait mise à l'ordre du jour de l'armée française, et lue dans chaque corps deux fois par mois. Percy désirait que les ambulances fussent indiquées par des écriteaux, afin que les troupes n'en approchassent point, et qu'en passant « elles observassent le silence et fissent cesser le bruit des tambours et des instruments de musique ».

Mais ce qui mit le comble à la réputation de ce médecin du grand état-major français, ce fut l'organisation des compagnies de brancardiers, composées de soldats d'élite, pour relever les blessés pendant les combats. C'était pendant la guerre de Napoléon Ier en Espagne. Le duc de Wellington, commandant en chef les forces anglo-portugaises, fit demander aux Français d'envoyer des chirurgiens pour soigner les malades que leur armée laissait en arrière ; il accorda des saufs-conduits pour la venue et le retour des praticiens délégués à cet effet. Vers la même époque, le baron Larrey créa les ambulances volantes, dont le système s'étendit graduellement à toutes les armées de la République française, se consolida durant l'Empire, puis fut peu à peu adopté par toutes les nations de l'Europe durant la première moitié de notre siècle. Nous voyons, par ces exemples historiques, la grande part que la France a prise, de tout temps, aux questions d'humanité sur les champs de bataille, notamment en ce qui concerne la question de la *neutralité temporaire*.

Signalons, pour être à peu près complet sur ce point, la convention militaire conclue par les armées alliées, le 28 mai 1814, à Paris, et la convention de l'Amérique du Sud, du 26 novembre 1820, entre le général espagnol Morillo et le général républicain Bolivar.

Dans son impartialité, l'histoire doit signaler tous les efforts tentés par les Allemands pour protéger les blessés, l'ouvrage des Drs Faust et Hunold (1805) sur « l'inviolabilité des lazarets de campagne », et surtout celui du Dr Auguste Ferdinand Wasserfuhr, médecin du régiment du royaume de Prusse, qui sollicitait de *toutes les nations* la conclusion d'un *pacte* pour déclarer que les militaires prisonniers, malades et blessés, ne sont point des ennemis. En 1820, le Dr Wasserfuhr réclamait en substance, avec autant de clarté que de chaleur, ce qui forme le contenu de la convention de Genève. L'humaniste Faust, docteur à Buckebourg, a plaidé avec une conviction bien marquée en faveur de l'adoucissement des souffrances des victimes de la guerre (1805 à 1813); il a exprimé la pensée d'une convention qui y tendrait.

Enfin mentionnons Schmucker, qui, en 1776, attirait l'attention sur les bienfaits de la *neutralisation* des hôpitaux.

Malheureusement, tout cela n'était que de la théorie. Sous Louis XIV, les blessés en réalité devenaient ce qu'ils pouvaient ; leur sort fut épouvantable, surtout pendant l'odieux ravage du Palatinat. Malgré les fameux traités de 1743 et de 1759, à l'exception des officiers, classe privilégiée, les soldats ne trouvaient aucun secours organisé. Au commencement de la Révolution française, l'état de choses n'était pas beaucoup changé. Les ambulances devaient bien rester à une lieue du champ de bataille ; mais elles ouvraient la marche en arrière en cas de débandade. Chacune des grandes batailles du premier Empire eut des suites horribles ; mais le second Empire devait voir s'ouvrir une ère nouvelle au point de vue de l'humanité.

C'est d'un champ de bataille, glorieux pour la France, que sont sorties et la convention de Genève et l'*OEuvre de la Croix-Rouge*, qui, aujourd'hui, embrassent le monde entier.

En 1859, pendant la guerre d'Italie et après le combat de Montebello, l'empereur Napoléon III, « voulant diminuer autant qu'il dépendrait de lui les maux que la guerre entraîne avec elle, et donner l'exemple de la suppression des rigueurs inutiles », décida le 28 mai que tous les prisonniers blessés seraient rendus à l'ennemi sans échange, dès que leur état leur permettrait de retourner dans leur pays.

Ce fut ce fait qui, ainsi que la vue du champ de bataille de Solférino, en juin 1859, fortifia M. Dunant dans l'idée de proposer la neutralisation internationale des blessés en temps de guerre. On a vu, par l'historique précédent, que cette idée n'est pas sortie toute seule, comme Minerve, du cerveau de Jupiter, mais qu'elle a mis des siècles avant de prendre un corps et de devenir une réalité.

Pour bien juger l'œuvre de Dunant, le mieux est encore d'ouvrir son *Souvenir de Solférino*, qui a été pour la convention de Genève ce que fut la *Case de l'oncle Tom* pour l'abolition de l'esclavage dans les États-Unis. Nous allons retranscrire, d'après lui, de quelle manière l'idée d'une œuvre internationale universelle, en faveur des blessés de la guerre, lui est venue à l'esprit.

Dans une conférence donnée à Londres, sous la présidence de lord Elcho, le 6 août 1872, Dunant s'exprime ainsi : « Avant la campagne d'Italie, je m'étais beaucoup préoccupé des questions d'humanité en faveur des simples soldats blessés, dont je plaignais le malheureux sort pendant et après les combats. Lors de la guerre de Crimée, l'œuvre admirable de miss Nightingale m'avait particulièrement intéressé. Aussi, en 1859, dès le commencement des hostilités, je me rendis en Italie. De Parme, je passai les Apennins, où je parvins à rejoindre, comme je le désirais, le 5me corps de l'armée française, dont le général marquis de Beaufort d'Hautpoul était le chef d'état-major. Cet officier général, dont j'étais connu, voulut bien me remettre une lettre de recommandation pour le général de Mac-Mahon, depuis lors maréchal de Magenta (la bataille de Magenta n'avait pas encore été livrée). Je connaissais déjà personnellement ce guerrier illustre et bon, qui m'avait témoigné de la bienveillance quelques années auparavant. Je me transportai aussitôt à Brescia, d'où je partis pour Castiglione, à mes risques et périls, en louant une petite voiture, conduite par un cocher qui venait de s'enfuir de Mantoue et qui connaissait à fond le pays et les chemins détournés. Castiglione devint mon quartier général, et c'est de cette ville que j'assistai au drame le plus palpitant qui se puisse imaginer. On sait que le village de Solférino est tout proche.

« Je n'étais ni un savant ni un médecin, mais un simple et modeste particulier. J'ai écrit ce dont j'ai été témoin. C'est la vue des horreurs de ce vaste champ de bataille, sur lequel je restai jusqu'au 30 juin (la bataille ayant eu lieu le 24), qui m'inspira l'ardent désir de voir les victimes de la guerre être reconnues comme *sacrées*, sans distinction de grade ni de nationalité. Le « comment ? » je ne m'en occupais pas à ce moment-là. J'avais bien d'autres choses à faire ! Je fus frappé du spectacle affreux que présentaient des multitudes de blessés agonisant sans secours ; l'insuffisance du service de santé me parut désolante au dernier point : celle-ci a été reconnue depuis lors, même par ceux qui l'avaient niée. L'un des résultats importants obtenus par la publication de mon *Souvenir de Solférino*, et par l'agitation qui en résulta, fut l'amélioration du service de santé militaire dans la plupart des pays de l'Europe. C'est la vue des blessés de Solférino qui m'inspira, vaguement d'abord, l'idée de l'urgence et de la possibilité de l'inviolabilité permanente des blessés et de ceux qui leur portent secours. Cette idée, quoique considérée autour de moi comme une *utopie*, grandit de plus en plus dans mon esprit avant la publication de mon livre, dans lequel je fus amené providentiellement à proclamer que tout blessé à terre doit être considéré comme *sacré*, à quelque nation qu'il appartienne. »

Dunant ne cesse de répéter maintes fois qu'il ne connaissait alors aucun des précédents historiques susmentionnés, sauf la décision de Napoléon III en 1859.

« On n'a pas d'égards pour le pauvre petit troupier, ajoute-t-il, lequel, contrairement à l'officier qu'on comble de soins, n'a pas choisi son métier et qui souvent ne sait pas pourquoi il se bat. Du moins, il en était ainsi en 1859. C'est donc pendant cette campagne d'Italie que me vint à l'esprit la pensée des *secoureurs volontaires* préparés d'avance, des hospitalières et des infirmières de bonne volonté, sagement dirigées par des sociétés ayant une existence permanente. Celles-ci, quoique nationales dans leur constitution, devraient être internationales dans leur esprit et dans leur action d'humanité charitable. Pour porter les secours efficaces aux blessés, je ne voulais pas exposer les secoureurs volontaires à être faits prisonniers. C'est pourquoi je me suis préoccupé, dès 1859, de rechercher un principe « international, conventionnel et sacré », lequel, une fois agréé et ratifié, servirait de base aux sociétés permanentes. C'est pour cela que j'ai parcouru les divers pays de l'Europe et que j'ai fait paraître de nombreuses publications : c'est la cause de l'humanité souffrante que je plaidais partout. »

Je ne sais vraiment, Messieurs, si je dois ouvrir devant vous ce livre si émouvant et si vrai ; je suis retenu par la crainte d'en déflorer les beautés rien qu'en vous présentant quelques-unes de ces images saisissantes, véritables photographies du champ de carnage.

Comme le disait si bien M. Frédéric Passy, dans une conférence sur *la paix et la guerre*, faite à l'École de médecine de Paris, le 21 mai 1867 : « Dans ce livre, il n'y a pas la moindre trace de déclamation ; pas un mot pour l'effet, pas de mise en scène, pas de phrases, pas de réflexions, la vérité, rien que la vérité, telle que l'a consignée, presque comme dans un procès-verbal, un spectateur qui a eu le courage de regarder et de raconter. Ce spectateur ne s'est pas borné à voir ; avec une admirable présence d'esprit, aidé de quelques volontaires comme lui, il a porté de son mieux le secours et la consolation sur le champ de bataille, à l'ambulance, dans ces granges ou ces églises transformées en charniers, où se trouvaient entassés côte à côte les ennemis de la veille, exhalant ensemble leurs plaintes et leurs cris de désespoir. »

Voyons ensemble maintenant, comme dans un panorama, quelques groupes détachés du champ de bataille de Solférino, *Ab uno disce omnes :*

Sous cet arbre, un lieutenant de la ligne, qui a eu le bras gauche brisé par un biscaïen, est mis en joue par un soldat hongrois. Celui-ci est arrêté aussitôt par un officier autrichien qui, s'approchant du blessé français, lui porte secours avec compassion et ordonne de le placer dans un endroit moins exposé.

A quelques pas plus loin, un cheval échappé et rendu furieux entraîne dans sa course effrénée le cadavre ensanglanté de son cavalier resté cramponné à la selle.

Les soldats blessés qui peuvent encore marcher se rendent d'eux-mêmes aux ambulances. On transporte les autres au moyen de brancards et de civières, affaiblis qu'ils sont par des hémorrhagies, par la douleur ou par la privation prolongée de secours ou d'aliments.

Des bataillons entiers n'ont point de vivres ; des compagnies, auxquelles on avait fait mettre sac à terre, se trouvent dénuées de tout. La soif est si intense, qu'officiers et soldats recourent à des mares boueuses, fangeuses et remplies de sang caillé.

Le soleil du 25 juin éclaire l'un des spectacles les plus affreux qui se puissent présenter à l'imagination. Le champ de bataille est jonché de cadavres d'hommes et de chevaux. Ils sont comme semés sur la route, dans les fossés, les ravins, les buissons, les prés, surtout aux abords du village de Solférino. En plusieurs endroits, les morts sont dépouillés par des voleurs qui ne respectent pas même les blessés encore vivants. Quelques-uns de ces coquins, avides de chaussures, les arrachent brutalement des pieds enflés des cadavres.

On passe trois jours et trois nuits à ensevelir les morts restés sur le champ de bataille. Sur un espace aussi étendu, beaucoup de corps, cachés dans les fossés, masqués par des buissons ou par les accidents de terrain, n'ont été aperçus que très tard. Ils répandent, ainsi que les chevaux, des émanations fétides.

Un fils idole de ses parents, un brillant officier chéri de sa famille, un jeune soldat qui vient de quitter son vieux père, sa mère, ses sœurs et sa fiancée, se trouve frappé à la tête; sa figure est méconnaissable; il expire et son corps noirci, gonflé, hideux va être jeté dans une fosse à peine creusée, recouvert d'un peu de chaux et de terre. Les oiseaux de proie ne respecteront pas ses pieds ou ses mains sortant du sol détrempé ou du talus qui lui sert de tombeau.

Les cadavres des Autrichiens sont dévorés par des essaims de mouches; des nuées de corbeaux planent au-dessus de ces corps verdâtres, dans l'espoir d'en faire leur pâture. Le nombre des convois de blessés devient si considérable durant la journée du samedi que l'administration, les habitants et le détachement de troupes laissé à Castiglione sont absolument incapables de suffire à tant de misères.

Que devient notre bienfaiteur au milieu de toutes ces calamités ? Il se multiplie.

Voici un soldat entièrement défiguré, dont la langue sort démesurément de sa mâchoire déchirée et brisée ; il s'agite et veut se lever : Dunant arrose ses lèvres desséchées et sa langue durcie ; il prend une poignée de charpie qu'il trempe dans l'eau, et, s'en servant comme d'une éponge, il exprime le liquide dans l'ouverture informe qui remplace la bouche de ce pauvre combattant.

Un autre, le crâne ouvert, expire en répandant sa cervelle sur les dalles de l'église ; ses compagnons d'infortune le repoussent du pied parce qu'il gêne le passage : notre Genevois protège ses derniers moments et recouvre d'un mouchoir sa pauvre tête qui remue faiblement encore.

Détournons maintenant les yeux de ce hideux spectacle et admirons plutôt Dunant réunissant, dès le dimanche matin, un certain nombre de femmes du peuple, secondant de leur mieux les efforts qu'il fait pour venir au secours de tant de milliers de blessés. Il adopte une des églises de Castiglione, dans le quartier le plus dépourvu de toutes ressources, pour y organiser des secours. Les bandelettes, chemises et linges faisant défaut, il achète des chemises neuves ; il envoie son cocher à Brescia pour y chercher des provisions. Celui-ci revient quelques heures après, avec son cabriolet chargé d'éponges, de bandes de toile, d'épingles, de cigares, de tabac, de camomilles, mauves, sureau, oranges, sucre et citrons.

Grâce à ces provisions, on peut confectionner de la limonade rafraîchissante, laver les plaies avec de l'eau de mauves, appliquer des compresses tièdes et renouveler les bandages des pansements. En attendant, notre héros se transforme en capitaine recruteur : c'est ainsi qu'il s'adjoint un vieil officier de marine, deux touristes anglais avides de voir, et dont il utilise les bras malgré eux, un abbé italien, un négociant de Neufchâtel et l'inévitable journaliste parisien. Bientôt quelques-uns de ces infirmiers de bonne volonté se retirent, incapables de supporter la vue des souffrances dont ils sont les témoins. Dunant prodigue à tous ses soins, sans faire de distinction de nationalité; les femmes de Castiglione suivent son exemple: *Tutti fratelli!* répètent-elles avec compassion. Il se constitue enfin le secrétaire de quelques-uns de ces infortunés, n'ignorant pas combien il est précieux pour le soldat, après les grandes fatigues du combat, de recevoir des nouvelles de sa famille.

Ce n'est que lorsque le calme a succédé aux terribles agitations des jours précédents que Dunant, exténué de fatigue, ne pouvant plus trouver le sommeil, fait atteler son cabriolet dans l'après-midi du lundi 27, et part vers six heures du soir pour prendre enfin quelque repos en échappant un moment aux scènes lugubres dont il est entouré. Il faut lire son épopée pour aller rejoindre le maréchal de Mac-Mahon, les péripéties de son voyage! Puis, le 30 juin, il se rend à Brescia. Là, les secours sont mieux distribués, mais, malgré la bonne volonté de tous, il y avait encore insuffisance. Non seulement le temps manquait à ceux qui étaient capables de conseiller et de guider; mais les connaissances et la pratique faisaient défaut à la plupart de ceux qui ne pouvaient offrir que leur dévouement individuel, par conséquent insuffisant et bien souvent stérile. Les bourgeois inexpérimentés et peu judicieux apportaient une nourriture malsaine pour les blessés. On était obligé de leur interdire l'entrée des hôpitaux et des postes de secours. Les étrangers, disposés à rendre service, étaient découragés par les obstacles imprévus semés sous leurs pas.

Devant ces misères, ajoute M. Dunant, n'y aurait-il

pas possibilité de fonder dans tous les pays de l'Europe des sociétés ayant pour but de donner ou de faire donner aux blessés, en temps de guerre, des soins prompts et dévoués? Ces sociétés, ayant respectivement l'appui de leur gouvernement, comptant à leur tête les hommes les plus estimés de chaque nation, solliciteraient auprès des souverains belligérants les permissions nécessaires pour le succès de l'œuvre. Quel attrait, pour un cœur généreux et compatissant, que de braver les mêmes dangers que l'homme de guerre, avec une mission de paix et de consolation !

Dans la guerre d'Orient, la grande-duchesse Hélène-Paulowna de Russie, veuve du grand-duc Michel, engagea près de trois cents dames de Saint-Pétersbourg et de Moscou à faire le service d'hospitalières dans les hôpitaux russes de la Crimée; ces saintes femmes furent bénies par des milliers de soldats.

En Angleterre, miss Florence Nightingale partit pour Constantinople et Scutari, en novembre 1854, avec trente-sept dames anglaises qui soignèrent les blessés d'Inkermann. En 1855, miss Stanley étant venue l'aider avec cinquante nouvelles compagnes, miss Nightingale put se rendre à Balaklava pour inspecter les hôpitaux. L'image de cette femme, parcourant pendant la nuit, une petite lampe à la main, les vastes dortoirs des hôpitaux militaires, prenant note de l'état de chacun des malades, ne s'effacera jamais du cœur des hommes qui furent les objets ou les témoins de son admirable charité.

Combien de semblables dévouements à Castiglione, Brescia, Milan, etc., sont restés stériles, n'étant pas associés avec intelligence pour un but commun.

Enfin, Dunant termine son admirable livre, qu'on ne

saurait trop consulter et lire, par un appel pressant à chacun et à chaque pays, recourant à la charité et au patriotisme de tous.

Cet ouvrage, nous dit le Dr Lueder, a été traduit dans presque toutes les langues de l'Europe; d'abord en hollandais, puis en italien, en allemand (à Bâle — Stuttgard — Leipsick), en espagnol, en russe et en suédois. L'impression profonde produite par ce volume a été confirmée de tous côtés ; elle s'est manifestée de la manière la plus énergique , aussi bien dans l'assemblée convoquée à Genève en 1863, par une décision officielle de cette assemblée, que dans de nombreux articles de journaux de tous les pays.

Une sanction était nécessaire pour faire entrer dans le domaine des faits les idées émises par Dunant, et donner cours à ses féconds développements en réglementant son application au point de vue du droit international. Parmi les divers problèmes soulevés, se trouvait celui de créer, dans tous les pays, des sociétés permanentes de secours aux blessés; elle rencontra dans toute l'Europe une profonde sympathie qui s'est traduite par des actes. Telles furent les humbles et modestes origines de la *Croix-Rouge*.

Henry Dunant fut sollicité par M. Moynier, président de la Société genevoise d'utilité publique, pour que la dite Société prît l'initiative dans une question si importante. L'idée de Dunant, appuyée par Moynier, fut donc patronnée par elle, et un comité spécial fut formé à Genève par ces Messieurs, qui obtinrent de l'illustre général Dufour l'honneur de l'avoir pour président. Ce comité genevois se constitua en permanence ; sa première pensée fut de donner aux desseins de M. Dunant un cachet européen. Le 9 février 1863, la Société, présidée par M. Moynier, discuta une proposition émanant de celui-ci, pour la formation de sociétés permanentes de secours aux blessés; ayant conscience des difficultés que présentait l'exécution de ce projet, elle nomma sans hésitation, et aussi sans grand espoir de succès une commission de cinq membres chargés de trouver les moyens pratiques d'arriver à ce but. Ces cinq membres, pris dans le sein de la Société, étaient : le général Dufour, président; M. Moynier, vice-président; Dunant, secrétaire; comme membres, deux médecins genevois, les Dʳˢ Maunoir et Appia. On finit par tomber d'accord pour soumettre la question à des juges plus compétents.

Un congrès international de bienfaisance devait se tenir à Berlin au commencement du mois de septembre 1863; il fut résolu que les vœux si charitables émis dans le *Souvenir de Solférino* seraient mis à l'ordre du jour de ce congrès qui n'eut pas lieu. En apprenant cet ajournement, MM. Moynier et Dunant eurent l'idée de convoquer une conférence internationale à Genève pour le 26 octobre. Un projet de concordat fut élaboré par Dunant et Moynier qui le soumirent à la commission, le. 25 août 1863, en présence de ses cinq membres. Après avoir discuté chaque article avec soin, ils appuyèrent chaleureusement l'idée de la conférence et chargèrent les rédacteurs du concordat d'écrire une circulaire pour convoquer les délégués de chaque nation. Dans ce projet figurait, entre autres clauses, la suivante au titre II, article 9 : « Les infirmiers volontaires porteront dans tous les pays un uniforme ou un signe distinctif identique. Leur personne est sacrée et les chefs militaires leur doivent protection. » Afin d'entraîner la conviction dans l'esprit des puissances destinées à être convoquées, Dunant offrit d'aller volontairement exposer ses vues au grand congrès de statistique de Berlin, tenu du 7 au 12 septembre. Il remit sa proposition à la quatrième section du congrès, composée en partie de médecins militaires qui lui firent l'accueil le plus sympathique.

C'est donc Dunant qui, par ses efforts et ses sacrifices personnels et persévérants, par ses recherches pour nouer des relations nécessaires, a le plus hâté la réussite de l'œuvre. Il a fait de fréquents voyages dans presque toutes les capitales de l'Europe ; il a su, avec une très grande habileté, intéresser les personnages très haut placés, sans se laisser arrêter par les frais considérables qui en résultaient pour lui ; il a ainsi pris la plus grande part à l'organisation de la première assemblée de Genève. Sans ces démarches, personne ne serait venu à la conférence de 1863, excepté deux ou trois Suisses délégués par le Conseil fédéral helvétique, sollicités directement par le général Dufour.

Comme nous le disions plus haut, Dunant reçut, de la part de plusieurs souverains allemands, l'assurance du vif intérêt qu'ils prenaient à son œuvre. Encouragé par eux, il adressa de Berlin aux ministres de la guerre de presque tous les États de l'Europe une prière d'envoyer des délégués officiels à la conférence de Genève. Les gouvernements répondirent favorablement : quatorze puissances s'y firent représenter. Les séances se tinrent à l'Athénée Eynard, de Genève, du 26 au 29 octobre 1863. Le général Dufour occupa d'abord le fauteuil de la présidence, pour souhaiter la bienvenue aux délégués étrangers et pour exposer le sujet de la conférence, émettant le vœu que, « si l'on n'aboutissait pas à un résultat ferme, on aurait du moins posé un jalon pour des améliorations qui se réaliseront dans d'autres temps ».

La présidence fut remise ensuite à M. Moynier, qui a

constamment dirigé les débats avec un talent remarquable. Le prince Henri XIII de Reuss, délégué de l'ordre de Saint-Jean de Jérusalem, fut nommé vice-président. Les résolutions de la conférence ne diffèrent pas beaucoup de celles qui accompagnaient la circulaire de la convocation au congrès. Ce sont les suivantes :

En temps de paix, chaque pays organisera un comité central avec mission de créer des comités sectionnaires ; le tout sous la haute direction du gouvernement. En vue de la guerre, ces comités devront instruire et former des hospitaliers volontaires ; préparer des secours matériels de tout genre pour les blessés et les malades ; solliciter au besoin l'appui des comités appartenant aux nations non belligérantes ; envoyer sur le champ de bataille et dans les ambulances des secoureurs volontaires, placés sous l'autorité des chefs militaires. Ces comités devront être protégés par les gouvernements. Neutralisation complète pour les blessés, les infirmiers et le personnel sanitaire. Tous les neutralisés auront un signe distinctif, le brassard, et un drapeau spécial : c'est un drapeau blanc à croix rouge. Ce n'est pas la croix de Genève, vu que celle-ci n'existait pas. Les armoiries de cette antique ville libre et impériale consistent en aigle de l'Empire et clé de l'Église romaine ; ses couleurs sont jaune et rouge. C'est Dunant qui a eu le premier l'idée du drapeau uniforme. Il proposa le drapeau blanc à la croix alézée de gueules (cinq carrés égaux), parce qu'aucune nation n'avait ce drapeau ; aussi parce que c'était le drapeau renversé de la Confédération Helvétique. Il n'y a que la seule ville de Hambourg, qui n'est pas une puissance, qui ait la croix *ansée* et non alézée de gueules en champ d'argent. L'idée du brassard, conçue sur le même modèle que le drapeau, a été émise par le général Dufour à la Conférence. Enfin, la convention se termine par un paragraphe additionnel tout à l'honneur de Dunant :

« Vu l'extrême importance qui doit être attribuée à la généreuse initiative prise par M. Henry Dunant et par la Société genevoise d'utilité publique, dans la question de secours à donner aux blessés sur le champ de bataille, et appréciant l'immense retentissement que les mesures projetées par la conférence auront dans tous les pays, au sein des classes les plus intéressées dans cette question ; les membres de la conférence internationale, à la clôture de leurs travaux, déclarent que M. Dunant, en provoquant par ses efforts persévérants l'étude internationale des moyens à appliquer pour l'assistance efficace des blessés sur le champ de bataille, et la Société genevoise d'utilité publique, en appuyant de son concours la pensée dont M. Dunant s'est fait l'organe, ont bien mérité de l'humanité et se sont acquis des titres éclatants à la reconnaissance universelle. »

Aussitôt après cette conférence, Dunant se rendit à Paris, où il s'occupa, sans perdre de temps, de la création d'un comité central français. Simultanément, il poursuivit son but d'organiser une réunion diplomatique pour obtenir la neutralisation des blessés. Les délégués n'étant nommés que *ad audiendum et referendum,* il fallait conclure un traité international qui liât les gouvernements, représentés cette fois par des plénipotentiaires.

En décembre 1863, Napoléon III chargea Drouyn de Lhuys, ministre des affaires étrangères, de conférer dans ce sens avec Dunant. Drouyn de Lhuys recommanda aux divers cabinets de l'Europe le projet de congrès diplomatique (22 avril 1864).

Dunant obtint du gouvernement français que la conférence, qui devait être présidée par le général Dufour, se tînt à Genève et non à Berne, comme on le proposait à Paris. Cette conférence eut lieu du 8 au 22 août 1864. Seize puissances y furent représentées. La Grande-Bretagne, les États-Unis, la Saxe et la Suède n'avaient pas accrédité leurs délégués avec des pouvoirs suffisants pour signer la convention. La Turquie et le Brésil exprimèrent ultérieurement leurs regrets de n'avoir pu prendre part au congrès.

Nous revoyons encore ici l'infatigable Dunant en avant. Le roi de Prusse et l'empereur Napoléon ont eu la gloire de contribuer, par leur influence personnelle, à la réalisation du congrès.

Le comité international de Genève, qui n'avait qu'un caractère privé, n'était pas en position d'adresser une invitation officielle aux gouvernements. Pour réussir, le général Dufour réclama l'intervention du conseil fédéral suisse, organe non suspect, vu la neutralité du pays. Ce Conseil fédéral consentit à lancer les convocations, mais il abandonna la direction matérielle de l'affaire au comité international. L'invitation, appuyée par la France, se trouvait comme sous son protectorat. Le local des délibérations fut aménagé dans une des salles de l'hôtel de ville de Genève ; le comité international avait élaboré un projet de convention pour servir de base aux délibérations. L'assemblée a tenu sept réunions (16-22 août 1864). Le Dr Lueder, professeur de droit à l'Université d'Erlangen, reconnaît que, « malgré la brièveté des protocoles, les Français ont exercé dans les débats une influence et une prépondérance décisives ». Le 22 décembre, les représentants des onze puissances signataires du traité se réunirent à Berne pour procéder à l'échange des actes de ratification, conformément à l'article 10 de la convention. Selon l'article 9, le protocole restait ouvert à Berne pour recevoir les adhésions des puissances. La France fut des premières à ratifier ; l'Autriche et la Russie hésitèrent pendant quelque temps. Peu à peu, toutes se sont rattachées à la convention, en sorte qu'elle est devenue une loi internationale d'une valeur universelle. L'adhésion de tous les États du monde à ce traité d'humanité inaugure une phase nouvelle dans l'histoire des peuples. Enfin, la neutralité est reconnue par tous.

Après avoir fixé le rôle de Dunant dans la fondation de la *Société internationale des blessés,* il est de toute justice de parler de ses collaborateurs directs ou indirects. Citons, en première ligne, le Dr Loeffler, médecin en chef du 4e corps de l'armée prussienne, réclamant l'inviolabilité du matériel des ambulances. Il fut délégué par le roi de Prusse aux conférences de 1863 et 1864. Dans la première, il eut l'honneur d'informer l'assemblée du traité de 1759; c'est lui qui a donné l'idée d'interroger l'histoire sur ce point. Avant ces réunions, il fut l'un des plus fermes soutiens de Dunant, particulièrement au congrès de statistique de Berlin, où ce dernier réclamait la neutralisation, d'accord avec le Dr Basting, Hollandais, alors que la commission genevoise prétendait qu'on poursuivait ainsi une chimère. Ensuite vient le Dr Ferdinand Palasciano, de Naples; cet homme éminent réclamait, dans un discours prononcé devant l'Académie Pontaniana, le 28 avril 1861, la reconnaissance du principe de neutralité, aussi bien que celui de l'augmentation du personnel sanitaire pendant la guerre. Il tint un langage semblable devant la même assemblée napolitaine, le 20 décembre 1861.

Enfin, il faut nommer M. Henri Arrault, secrétaire de la commission d'hygiène publique et de salubrité de Paris, demandant en juin 1864 la neutralisation. Mais ces auteurs ne donnèrent aucun signe de vie au moment du grand mouvement provoqué par Dunant en 1863 et 1864. Tout autre a été la conduite du Dr Basting, chirurgien militaire au régiment d'élite de S. M. le Roi des Pays-Bas, et celle des Drs Loeffler et Boeger, de Berlin, qui eux aussi ont eu l'idée de la neutralisation, avant Palasciano et Arrault. De plus, Basting, Loeffler et Boeger appuyèrent de tout leur pouvoir les propositions multiples de Dunant au congrès de Berlin, avant et après les deux conférences de Genève. Ils ne se sont attribué aucune gloire pour avoir soutenu avant le traité de Genève l'idée de la neutralisation, rapportée du champ de bataille de Solférino. Basting avait traduit, en 1862, l'ouvrage en hollandais, ce qui lui valut l'honneur d'être envoyé au congrès. Dunant, comme ses coopérateurs au succès des deux assemblées de Genève, a ignoré complètement l'ouvrage d'Arrault, comme celui de Palasciano. Ce ne fut qu'après la réunion de 1863 que nos Suisses cherchèrent dans l'histoire les manifestations antérieures de l'idée dont ils s'étaient faits les champions (Lueder). Beaucoup d'hommes généreux, même avant Arrault et Palasciano, ont élevé noblement la voix en faveur de l'humanité, sous le rapport spécial qui nous occupe. Mais ce sont Dunant, Moynier et les membres de la Société genevoise d'utilité publique qui ont eu le mérite d'avoir vu découler de leurs efforts des conséquences pratiques et durables. En particulier, Dunant peut prendre très légitimement le titre de *Promoteur de la Convention de Genève*, et de *Fondateur de la Société des blessés de terre et de mer*. Mme G. Sand a

réclamé pour Arrault, en 1865, la faveur de la priorité
dans l'idée de la neutralisation. Elle l'avait même sur-
nommé le *Père de la Convention de Genève*. Mais, sur
les remarques de Dunant et de Moynier, elle reconnut
très loyalement son erreur et devint même membre du
comité central français fondé par Dunant.

Prévost-Paradol fait remarquer très judicieusement
que la convention par elle-même n'apporterait qu'un
adoucissement bien imparfait aux maux de la guerre,
s'il n'y avait eu à côté d'elle une institution destinée à
mettre en action les principes énoncés dans le traité diplomatique. Rendons cette justice à Dunant qu'il a été
dans les plus zélés à donner à chacun ce qui lui est dû.

Une mention toute spéciale pour terminer, en faveur
du général Dufour, qui, malgré ses 80 ans, a présidé les
congrès avec une rare énergie. Il a soutenu et encouragé
Dunant avant et après la publication de son livre. Ami
de la France, ce général a droit à toutes nos sympathies.

C'est à l'impératrice Eugénie que le monde civilisé
doit l'extension aux marins des bienfaits de la neutralité.
La souveraine de France, pleine de sollicitude pour
ceux qui sont si souvent exposés à devenir le jouet des
flots, mandait au palais des Tuileries, le 7 juillet 1867,
le fondateur de l'œuvre internationale, et le chargeait
d'exprimer aux comités européens le désir qu'elle avait
de voir donner aux marins de tous les pays le bénéfice
de la convention. Dunant s'empressa de communiquer
ce vœu à la commission des délégués des Associations
européennes des Secours aux Blessés, réunis à Paris
pendant l'Exposition de 1867. Les rapporteurs de la
commission générale, « le colonel Huber-Saladin et le
Dr baron Mundy, dans un projet éventuel des change-
ments à apporter à la convention pour l'amélioration du

sort des militaires blessés », proposèrent de remplacer les mots « dans les armées en campagne » par ceux-ci : « dans les armées de terre et de mer ». On faisait profiter ainsi de la neutralité non seulement les marins blessés, mais encore les soldats naufragés, ainsi que les bâtiments et le personnel chargés de leur porter secours.

Le Haut Conseil fédéral helvétique provoqua, le 12 août 1868, une nouvelle réunion diplomatique en Suisse pour traiter ce sujet. La conférence se réunit le 5 octobre 1868 à l'hôtel de ville de Genève, sous la présidence de Dufour. On ne modifia en rien le texte déjà en vigueur ; mais on fit un projet d'articles additionnels consacrant les progrès réclamés par la conférence de 1867. Le 23 octobre 1868, ce projet fut transmis aux États contractants de 1864 par le Conseil fédéral. Vers la fin de 1868, le roi de Prusse, dans son discours du trône, l'accepta. Les évènements politiques empêchèrent l'adhésion de tous les contractants. Ces articles additionnels furent reconnus par les belligérants de 1870-1871, seulement vers la fin de la guerre.

La convention de 1864 demeure la seule comme loi obligatoire internationale ; les autres clauses n'obligent que les puissances qui en ont reconnu la validité : c'est un *modus vivendi* pour les autres États.

Les récentes guerres en Europe et en Amérique ont donné à l'œuvre des hospitaliers volontaires une éclatante consécration.

Déjà, avant la signature de la convention, les Américains avaient mis en pratique les principes que devait sanctionner le traité.

Aux États-Unis, la commission sanitaire fit des prodiges ; les Américains apportèrent, avec une profusion incroyable, des secours de tout genre aux victimes de cette lutte opiniâtre qui dura quatre longues années. Les hospitaliers volontaires affluèrent. Le nombre des comités auxiliaires de dames dépassa le chiffre invraisemblable de 32,000. Ils purent réunir, pendant la guerre, une somme de 60 millions de francs. Rien n'arrête le zèle et le dévouement des donateurs et des dispensateurs de ressources. Les Américains furent fidèles à leur maxime : *Let who will stand in way.* L'activité déployée par ce peuple, doué d'une singulière initiative, a présenté de magnifiques résultats, dignes d'être offerts en exemple aux nations les plus civilisées.

N'ayant pas à refaire ici depuis 1867 l'histoire de la *Société française de Secours aux Blessés des armées de terre et de mer,* racontée déjà dans d'autres occasions, mentionnons seulement les faits suivants pour mémoire, en nous servant ici du livre de Maxime Du Camp comme guide.

Pendant la guerre de Bohème de 1866, l'Allemagne fut la première à organiser une société de secours aux blessés, et la croix rouge de Genève fit sa première apparition sur le champ de bataille de Sadowa. Enfin, cette nation profita de la paix qui suivit la campagne de 1866 pour multiplier ses comités de secours, en diriger l'influence jusque dans les villages les plus reculés, les ramifier entre eux, de telle sorte que chez ce peuple, où les armées sont permanentes, derrière le drapeau militaire qui conduit au combat, on aperçoit l'étendard de la *Croix-Rouge,* qui fait flotter l'emblème du salut au-dessus des massacres. Aussi, en 1870, notre ennemi ne fut-il pas pris au dépourvu et son organisation fit l'admiration de tous : il faut savoir dire la vérité, de quelque côté qu'elle provienne.

Pour nous, vous vous rappelez comme la prospérité

nous avait aveuglés. Nous pensions, au début de la guerre, ne faire qu'une rapide promenade militaire dont Berlin aurait été le terme ; la navrante déception est encore trop vivante dans nos mémoires pour en ressusciter le souvenir.

La *Société de la Croix-Rouge* de France se réunit à Paris le 17 juillet, et le comité tint deux séances par jour au palais de l'Industrie, sous la présidence du comte de Flavigny. Les magasins étaient vides, mais l'activité fut telle qu'en quinze jours on put diriger sur Nancy et sur Metz une première ambulance qui se mit en route le 4 août.

Le convoi se composait de 97 hommes, 27 chevaux, 17 voitures. Dans les Champs-Élysées, on regardait passer avec tristesse le Dr Lefort, des aides chirurgiens, le pasteur, l'aumônier et les infirmiers. Pendant la marche, on quêtait pour les blessés ; les gros sous et les pièces d'or pleuvaient dans les aumônières. On ne s'en tint pas là. Dans l'espace d'un seul mois, la Société fit partir 17 ambulances qui rejoignirent les corps d'armée et se mirent sous les ordres du commandant en chef. Enfin, lorsque l'approche de l'armée allemande eut rendu le siège de Paris inévitable, la Société dut se diviser en deux sections. A Paris, elle fut sans trêve à la peine, au Bourget, à Buzenval et au centre même de son siège social, le palais de l'Industrie. Il ne s'agissait pas seulement d'accueillir et de soigner les blessés, il fallait encore les ramasser sous le feu de l'ennemi, les découvrir dans les replis de terrain où ils s'étaient traînés et les rapporter en lieu sûr. On sait combien les brancardiers volontaires se recrutaient parmi ces courageux Frères des Écoles chrétiennes, troupe d'élite qui marche en priant sans jamais reculer. Ceux parmi vous

qui ont assisté à ces terribles luttes se rappelleront toujours ces cadavres pâles, souillés de boue et de sang,
couchés sur la terre, et dont la dernière pensée s'est
envolée vers les aimés du pays. Ils pourront vous dire
également combien de malheureux ont été arrachés à la
mort par les soins dévoués du personnel sanitaire. Que
ceux qui ne connaissent ces choses que par ouï dire se
remémorent, entre autres tableaux admirés à l'Exposition du Centenaire, la toile intitulée *La fin d'un héros*.

Une ambulance est installée dans une église, un prêtre vient donner les derniers secours de la religion à un
moribond sur les draps duquel brille la croix d'honneur.
Le soldat est assis sur son séant, soutenu par des aides,
la tête penchée sur la poitrine et les yeux dirigés vers
le ruban rouge. Au second plan, le chirurgien, tout en
donnant des soins à un autre blessé, contemple le héros
et semble lui adresser du regard un dernier adieu mêlé
du regret de ne pouvoir, par sa science, arracher cette
victime des bras de la mort. Eh bien ! ce tableau, Messieurs, c'est, à mon sens, la glorification de notre
Société. L'artiste a personnifié sur une même toile toutes les ressources que peut fournir notre personnel : le
médecin avec tout son dévouement, le prêtre dont les
paroles d'espoir font passer un dernier sourire sur les
lèvres du moribond, enfin la femme, laïque ou religieuse, qui, selon Chrysi, « est un génie mystérieux
versant un baume salutaire sur le cœur ulcéré des guer-
riers ».

Arrivons aux chiffres officiels. Pendant l'année 1870,
138,000 morts, 143,000 blessés, 339,000 malades. Pitié
pour ces pauvres malades ! Les blessés ont eu pour eux
les entraînements de la lutte ; les autres, qui succom-
baient souvent par manque de vêtements chauds, de

chaussures solides, ont fait preuve de grand dévouement resté stérile.

La guerre finie, notre Société ne considère pas sa
mission comme terminée. Elle va chercher les blessés
jusqu'au fond de l'Allemagne et en rapatrie 9,000 ; elle
les recueille, achève leur guérison et les rend à leur
famille. Elle se souvient aussi des morts.

Elle dépêche en Allemagne, pour cette œuvre, le
Révérend Père Joseph, chargé de la mission patriotique
et religieuse de ramener les morts en terre natale. Il
rencontra auprès de tous, en Allemagne, un empresse-
ment auquel il n'a pas manqué de rendre justice. Le
curé Plank, de Friesing, en Bavière, lui écrivait :
« J'éprouve une joie extrême du soin que vous prenez
pour la mémoire de vos morts ; j'admire l'intarissable
générosité de votre pays qui a tant fait pour ses soldats
qu'aucun, parmi les internés de ma paroisse, n'a été dans
le besoin. Je crois qu'il n'y a pas au monde une nation
qui donne l'exemple de pareils sacrifices. Dieu le rendra
à la France en lui restituant son ancienne renommée. »

Maintenant, nous allons essayer de suivre le Comité
rémois depuis sa naissance, c'est à dire depuis 1870
jusqu'à nos jours :

Le livre si remarquable de M. Diancourt nous a retracé,
en termes émus, toutes les tristes phases par lesquelles
ont passé nos concitoyens durant l'année terrible.
Quoique la fatalité ait désarmé les défenseurs de notre
ville, grâce à cet auteur, nous savons combien les Rémois se sont multipliés pour venir personnellement, et
avec leur argent, au secours de nos braves soldats. C'est
donc une des pages de l'*Histoire de la charité à Reims*

que nous allons parcourir ensemble : nous sommes d'autant mieux préparés à l'apprécier, que naguères encore vibraient à nos oreilles les vers si suggestifs et si patriotiques de M. Richardot.

Pendant que, confiant en la parole de M. Émile Ollivier, on s'endormait dans l'espoir d'une paix assurée, tout à coup éclata, après la candidature du prince de Hohenzollern au trône d'Espagne, la déclaration officielle de la guerre avec l'Allemagne (15 juillet 1870).

Le désarroi n'était pas seulement dans l'armée, il existait partout : la *Société de Secours aux Blessés* était, comme les autres, prise au dépourvu à l'heure où les hostilités commencèrent. La caisse étant vide, il fallait tout créer, aussi bien à Paris qu'en province. Le comte de Flavigny fit des prodiges pour rattraper le temps perdu.

M. de Richecourt fut délégué par le Comité central pour fonder chez nous un Comité sectionnaire. Des hommes de bonne volonté ne se font pas attendre pour constituer un Comité provisoire, destiné à devenir définitif. Il fallait faire immédiatement appel au concours de tous. On établit à Reims, le 20 juillet 1870, l'Œuvre de la Société française internationale de Secours aux Blessés des armées de terre et de mer, nommée plus couramment, depuis cette époque, *Société de la Croix-Rouge*.

Ces hommes dévoués, vous les connaissez tous. Le Dr Gaillet en tête ; Ernest Jullien, secrétaire ; Edmond Pinon, trésorier ; comme membres du Comité : A. Werlé, A. de Brimont, Despaty et l'abbé Marquet.

Leur activité fut grande, car, dix jours après la mémorable séance du 20 juillet, le nombre des membres fondateurs était déjà porté à cinquante-deux ; le montant des dons et cotisations s'élevait à 51,543 fr. 10 c., et divers locaux étaient mis à la disposition de la Société.

La Supérieure de la Compassion offrait la maison de la rue Saint-Thierry, capable de contenir 16 lits ; on pouvait établir au besoin un campement dans l'hectare de terrain qui formait dépendance. La maison des fourneaux économiques, pouvant contenir 30 lits, est donnée par la Société de Saint-Vincent de Paul.

Les communes avoisinantes ne veulent pas rester en arrière : ce sont les maires de Saint-Thierry, de Pont-faverger et de Beine qui s'inscrivent pour un certain nombre de lits, et pour une promesse d'argent en numéraire.

Nous n'étonnerons personne en annonçant que, dès la création du Comité provisoire, la Société médicale de Reims se mettait à sa disposition. Le Dr Collet, de Saint-Thierry, M. Collard, médecin de Beine, et M. Vuiaut, interne à l'Hôtel-Dieu, offraient leurs services ; six personnes, désirant conserver l'incognito, demandaient comme faveur de soigner les blessés. Le dévouement habituel des Sœurs de la Compassion ne se démentit pas dans la circonstance. Le député Werlé, le sous-préfet Sébastiani, le maire S. Dauphinot patronnèrent hautement l'Œuvre en acceptant la présidence d'honneur, MM. Lanson et Diancourt, la vice-présidence ; enfin, le ministre protestant Paumier, MM. Lescur et Duchâtaux se firent nommer également membres, sur l'initiative du Comité provisoire.

Le personnel ainsi constitué, il s'agissait de préparer les secours en tout genre pour le soulagement des militaires blessés ou malades, sur le champ de bataille ou dans les hôpitaux. L'emploi des ressources n'était pas difficile à trouver, à condition de les appliquer exclusivement au profit des blessés. Aussi le Comité dut-il, à son grand regret, repousser la proposition de M. Bourré, rédacteur du *Courrier de la Champagne*. Ce journaliste demandait qu'on vînt en aide aux troupes de passage en leur fournissant des provisions de bouche déjà insuffisantes.

Mais par contre on s'empressa de faire dresser à la gare de Reims, non loin de la voie ferrée, une tente où seraient reçus les soldats blessés de passage, ainsi que les malades destinés aux ambulances de la ville.

Des Sous-Comités sont créés dans chaque canton de l'arrondissement, afin de répartir dans les campagnes les soldats légèrement blessés et les convalescents de la ville. Le canton de Bourgogne répond le premier à l'appel ; successivement, Fismes, Verzenay, Cormontreuil, Avenay, Bazancourt, Hermonville, Prouilly, Ville-en-Tardenois, Courcelles, Villers-Allerand, Corbeny, Isles-sur-Suippe, Chigny, Puisieulx, Rilly, Savigny suivent l'impulsion donnée. Nous n'avons pas ici la prétention de faire une énumération limitative ; disons d'une façon générale que le patriotisme de tous a été à la hauteur de la situation. La Ville de Reims, qui pendant cette guerre néfaste s'est imposé tant de sacrifices, avait essayé de son côté à fonder un Comité spécial sous la présidence du maire. A son instigation, une souscription fut ouverte dans les colonnes de l'*Indépendant ;* on put réunir ainsi 13,000 fr., plus 10,000 fr., allocation particulière de la Ville.

On comprit bientôt toute l'importance de la devise : *L'union fait la force.* Au lieu de vivre parallèlement et isolément, ce qui disséminait des ressources toujours restreintes, le Comité de la *Croix-Rouge* ouvrit les bras à la municipalité. On put dès lors agir de concert, à la condition de pourvoir aux premières dépenses avec le subside municipal. Le Comité fusionné prit le nom de « Comité de Reims ». Sur ces entrefaites, survient la trop fameuse nuit du 3 au 4 septembre, pendant laquelle on apprend à la fois la défaite de Sedan, la captivité de l'Empereur et de l'armée, l'arrivée imminente de l'ennemi dans notre ville. Nos derniers défenseurs partent pour Paris, toute communication est interrompue entre nous et la capitale, ainsi que dans la direction de l'Est. Nos concitoyens ont la douleur de voir défiler dans nos rues les troupes prussiennes précédant l'entrée dans nos murs du roi Guillaume, le 5 septembre.

Vous savez tous mieux que moi combien grande fut alors la misère, les efforts que fit la Ville pour occuper les bras devenus inutiles, et les saignées incessantes que l'on pratiquait aux coffres-forts dégarnis. Aussi, dans la réunion du 25 novembre 1870, le trésorier, M. Alf. Werlé, après avoir donné un compte minutieux des finances du Comité de la *Croix-Rouge*, expose qu'il reste encore en caisse 21,321 fr. 20, somme qui ne devra pas s'augmenter des apports de la caisse centrale, en raison de notre isolement. Dès lors, on réserve cet argent pour venir en aide aux comités cantonaux, pour payer des notes en souffrance, soulager les blessés passant par Reims et nos prisonniers détenus en Allemagne. La *Croix-Rouge* assure le maire de son entier dévouement pour l'œuvre commencée en commun ; mais elle ne pourra plus fournir au Comité de Reims que son personnel, comme toutes ressources.

Ces 21,000 fr. ont trouvé facilement leur emploi. C'était un spectacle navrant que de voir défiler nos malheureux compatriotes emmenés prisonniers en Allemagne, parqués dans des wagons à bestiaux, et exposés aux vicissitudes des températures les plus rigoureuses. Le délégué de service à la gare déplorait de ne pouvoir donner autant qu'il aurait voulu aux trop nombreux Français venant un peu de partout, et surtout d'Amiens, de Mézières, de la Fère et de Saint-Quentin. Les dames rémoises elles-mêmes venaient seconder les organisateurs du Comité dans cette distribution. Leur zèle fut persévérant et leur courage ne fit pas un instant défaut, malgré les brutalités des Allemands et les difficultés qu'ils s'ingéniaient à multiplier pour arrêter ces âmes stoïques dans l'accomplissement de leur mission. Les femmes seules savent mettre la grâce et la finesse nécessaire, lorsqu'il s'agit de relever l'âme défaillante du malade, l'endormir dans ses illusions, rappeler l'espérance qui s'envole, affirmer la guérison, laisser entrevoir les récompenses dues au courage, et remonter le moral.

On n'oubliait pas notre brave bataillon de mobiles, qui se conduisait si vaillamment à l'armée du Nord : on adressa avec toutes nos sympathies au commandant de Breuil une somme de 600 fr., des chemises de flanelle, des bas et des chaussures pour ceux qui en avaient le plus besoin. Enfin, le Dr Habran allait généreusement remplir à Lille, auprès des nôtres, les fonctions de chirurgien que l'aide-major négligeait trop au jour du combat.

Dès le commencement de nos revers, nous pûmes communiquer avec le Comité de Bruxelles. Par l'intermédiaire de son président, M. de Mérode, on fit parvenir à nos chers compatriotes exilés au delà du Rhin des effets adressés par plusieurs familles à quelques-uns des leurs.

De son côté, l'administration municipale s'occupa d'établir, dès la fin de juillet, des ambulances dans les quartiers de la ville. On parvint à obtenir ainsi un total de 1,700 lits répartis entre les différents locaux fournis par les congrégations religieuses, les hospices, le Lycée, les bâtiments de MM. H. et G. Goulet, ainsi que ceux de l'établissement Villeminot, Rogelet et Cⁱᵒ.

La distribution des malades se faisait de la façon suivante : de la gare, on les dirigeait sur ces ambulances ; les convalescents descendaient chez le particulier pour se remettre complètement ; lorsque l'état de la santé le permettait, ils retournaient dans la ville qui leur était assignée. Les médecins se partagèrent entre eux le service des ambulances, assistés de pharmaciens en retraite, des membres des associations religieuses et enfin d'infirmiers fournis par l'administration. Celle-ci s'occupait de tout ce qui concerne l'aménagement, la comptabilité et le fonctionnement des locaux.

L'entrée de l'armée ennemie modifia cette organisation ; il fallut s'entendre avec les médecins allemands. L'Hôtel-Dieu et le Lycée reçurent des malades des deux nations belligérantes, l'ambulance de la gare fut supprimée. L'apparition des maladies contagieuses força à créer deux nouveaux locaux : l'un au Clos-Gabreau, l'autre chez M. Kunkelmann, jusqu'à ce que, dès les premiers jours de novembre, la rigueur de la saison en commandât la clôture. On les remplaça par d'autres, érigés dans les bâtiments du Palais de Justice et chez M. Chemin.

Une difficulté surgit relativement au sort des convalescents militaires au moment de l'entrée de l'ennemi dans Reims. On espérait pouvoir les rendre à leur famille ; mais les Prussiens les détinrent d'abord dans la prison et à la caserne Colbert. Après de nombreuses démarches auprès du grand-duc de Mecklembourg, on obtint de pouvoir les renvoyer chez eux munis d'un passe-port allemand, d'un habillement civil, avec les poches garnies d'un secours en argent. Mais, au bout de quelque temps, les autorités prussiennes en décidèrent autrement ; ces soldats allèrent augmenter le nombre déjà si considérable des prisonniers. Heureusement que déjà les médecins civils avaient pu en faire partir un certain nombre à l'insu des autorités prussiennes. Au fur et à mesure que les Allemands faisaient de plus en plus main basse sur tout ce que la ville et les habitants pouvaient avoir de ressources, les membres de la Commission municipale se découragèrent devant leur impuissance et la misère toujours croissante de la population. Trois d'entre eux, MM. Werlé, Dubois et A. Dauphinot ne perdirent pas de vue un seul instant leur mission ; ils continuèrent l'œuvre commune, ne reculant devant aucune des difficultés qui surgissaient sans cesse. Ils s'entendirent jusqu'à la fin avec les médecins allemands et leurs inspecteurs pour les besoins du service dans les ambulances. Honneur à ces trois Rémois et tout spécialement à M. A. Dauphinot, l'âme de ce petit cercle ! Tout en restant Français de cœur, ils ont cherché à adoucir les souffrances de nos malheureux soldats et celles des Allemands ; ils sont demeurés les derniers sur la brèche pour défendre et ménager les intérêts de notre chère cité. Après l'épreuve vint la consolation : M. A. Dauphinot avait bien mérité de la patrie, celle-ci reconnaissante lui attacha sur la poitrine la récompense suprême. Le Comité central adressa une lettre de remercîments au Comité de Reims et demanda la liste des personnes à proposer pour la médaille commémorative. Les médecins, consultés à cet égard, se dérobèrent à cet honneur : ils n'avaient fait, disaient-ils, que leur devoir.

En bon administrateur, le Comité chercha à balancer ses comptes. Dans la séance du 15 mars 1871, M. Werlé accuse un chiffre de recettes s'élevant à 136,736 fr., et celui des dépenses à 136,837 fr. 90 c., soit un déficit que le trésorier se charge de combler pour le moment.

Tout en déclarant, conformément à une circulaire du Comité central en date du 13 janvier 1873, que le Comité rémois désagrégé se reconstituera pour se tenir prêt à tout évènement, la Société décide que dorénavant il y aurait deux séances par an, tenues dans la première quinzaine de juillet et dans la seconde quinzaine de décembre. Enfin, dans sa réunion du 11 avril 1874, le Comité rémois fait des propositions pour sa part afférente dans les 100,000 fr. à distribuer aux blessés, et elle dresse une liste des personnes qui pourront participer à cette répartition.

Le livre des procès-verbaux se ferme sur la mention de cette dernière générosité : il ne s'ouvre plus que le 28 novembre 1885.

M. A. Dauphinot est le premier à rompre ce long silence ; il propose de reconstituer la Société et se charge de la faire reconnaître officiellement par le Comité central. Une lettre signée du duc de Nemours, en date du 22 décembre 1885, fut comme l'acte de naissance du Comité sectionnaire. Au nouveau bureau : MM. A. Dauphinot, président ; Dr Decès, vice-président ; abbé Bonnaire, secrétaire ; G. Dubois, trésorier. La présidence d'honneur offerte au maire, H. Henrot, est confirmée en haut lieu par une lettre du comte de Beaufort du 28 janvier 1886.

Dans la séance du 5 février 1886, le président expose le but que la Société se propose d'atteindre : par des paroles convaincantes, il communique son zèle à ses auditeurs et il leur recommande de faire acte de propagande pour enrôler à la cause des membres fondateurs et souscripteurs. Une première réponse se fit en mars par un apport de 3,000 fr.

M. le Maire met gracieusement à la disposition de la *Croix-Rouge* une des salles de l'Hôtel de Ville, érigée en siège social. Ce même palais municipal est ouvert à une autre Société qui fonctionne parallèlement ; nous voulons parler de l'*Union des Femmes de France*, dont le Comité rémois, sous l'intelligente et active direction de sa présidente, Mme Delius, est appelé également à rendre des services précieux à nos blessés.

N'oublions pas, en effet, que ces dames ont pris à Reims l'initiative de se réunir en Comité pour mettre en action la vertu qui réside dans le cœur de toute femme, la charité. Nos malheureux enfants envoyés au Tonkin et à Madagascar leur doivent une reconnaissance particulière pour les secours de toute espèce qu'elles leur ont adressés.

En novembre 1886, le Dr Tardieu (du Mont-Dore) vient faire une visite dans notre ville pour édifier les membres sur leurs droits et sur leurs devoirs. La *Croix-Rouge* a un rang officiel dans l'armée ; elle est la seule des sociétés similaires qui dépende directement du ministère de la guerre ; elle est chargée d'assurer le service médical de l'arrière, l'évacuation des malades et le transport des blessés ; en un mot, elle est l'auxiliaire du service de santé.

Il doit y avoir dans la région de l'Est quatre infirmeries de gare (Paris-Est, Vitry-le-François, Reims, Troyes). Ces infirmeries de gare ont pour but de : 1° nourrir les blessés traversant la gare dans les trains d'évacuation ; 2° donner des secours médicaux urgents et recevoir les malades dont l'état s'est trop aggravé pour continuer le voyage ; 3° procurer le logement aux malades pendant les arrêts prolongés des trains ; 4° assurer l'évacuation des blessés provenant des établissements hospitaliers du voisinage.

Se basant sur les instructions données par M. le Dr Tardieu, on s'est mis tout de suite à l'œuvre, et les états du personnel, du matériel et des locaux affectés aux ambulances pour le cas de guerre attestent l'activité du Comité rémois.

A la tête du personnel se trouve M. Ad. Dauphinot, nommé depuis le 20 décembre 1887 délégué pour la 6° région militaire, et accrédité comme tel auprès du général commandant le 6° corps.

Le président du Comité de Reims, cumulant les fonctions de médecin en chef de l'infirmerie de gare, par une décision ministérielle en date du 10 août 1887, est M. le Dr A. Decès.

Le Comité est en outre composé de : MM. Farre et Neveux, vice-présidents ; M. G. Dubois, trésorier ; M. Ferd. Lambert, secrétaire ; M. Michaud, vice-secrétaire ; MM. E. Brion, l'abbé Bonnaire, Pol Charbonneaux, Chauffert, le rabbin Hermann, le pasteur Lauga, Aug. Nouvion, Henri Paris, Pillon de la Comble, H. Thuillier, Aug. Walbaum, Dr Weill, conseillers.

En février 1889, fut constitué un Comité de dames chargé de s'occuper de tout ce qui concerne la lingerie, la literie, la surveillance intérieure des ambulances, et de pourvoir à l'assistance morale, religieuse et matérielle des blessés ou des malades.

Mme la comtesse Werlé a été nommée présidente de ce Comité ; Mmes Élambert et Irroy, vice-présidentes ; Mme Labarraque, secrétaire ; Mlle Aline Walbaum, vice-secrétaire ; Mme Weill, trésorière.

A l'enseignement théorique donné par les conférenciers, MM. les Médecins de la ville, M. le Dr A. Decès a joint l'enseignement pratique en admettant les dames une fois par semaine, le mardi, dans sa clinique chirurgicale.

Depuis deux ans déjà, les brancardiers se rendent chaque dimanche à l'Hôtel-Dieu pour y faire des pansements ; ils sont même parvenus maintenant à les faire avec autant de soin que des étudiants en médecine exercés ; des prix leur ont été décernés par le Comité rémois à ce sujet.

De plus, ils ont été témoins, en juillet 1888, d'une expérience d'embarquement de l'ambulance n° 1, au camp de Châlons, grâce à l'extrême obligeance de M. le médecin inspecteur Dauvé, et, sous la direction de M. le Dr Habran, leur dévoué instructeur, ils ont pris part à de nombreux exercices pratiques pour le maniement du brancard, le relèvement et le transport des blessés. N'ayant pas besoin de leur enseigner le dévouement, il résulte que ces citoyens de bonne volonté seront à la hauteur de leur mission, le cas échéant.

Grâce enfin au zèle ardent de M. Ferdinand Lambert, de nombreux Sous-Comités cantonaux[1] sont créés pour

	Date de création	Membres Fondateurs et Souscripteurs
(1) Rilly (Groupe de).................	Octobre 1888....	79
Cormicy (Groupe de)	Juin 1889.......	28
Pontfaverger (Comité de)	Septembre 1889 .	54
Witry-les-Reims (Comité de)....	Novembre 1889..	300
Bazancourt (Comité de)..........	Novembre 1889..	246
Bétheniville (Comité de)	Novembre 1889..	60
Loivre (Comité de)...............	Décembre 1889..	121
Ay-Champagne (Comité de)......	Janvier 1890	157
Sillery (Comité de)..............	Février 1890	501
Ville-Dommange (Groupe de)....	Mars 1890.......	135
Châtillon-sur-Marne (Comité de)..	Mars 1890.......	
Fismes (Comité de).............	Mars 1890.......	143

De vastes locaux sont désignés pour les ambulances.

Des médecins, pharmaciens, aumôniers, brancardiers, sont atta-

ainsi dire chaque semaine, dans le ressort de l'arrondissement. L'essai de mobilisation de la *Croix-Rouge*, inau-
guré à Pontfaverger sur l'initiative du Comité, a pleine-
ment réussi. Le maire, M. Nouvion, s'est prêté avec une
extrème obligeance à ces manœuvres que nous souhai-
tons voir rester fictives.

Le Comité rémois, dont M. le général Voisin vient
d'accepter la présidence d'honneur, est un des mieux
organisés, ainsi qu'on s'est plu à le reconnaître à la
séance générale de Paris. Mais, comme nous ne serons
jamais assez prêts lorsque sonnera la cloche d'alarme,
nous devons travailler toujours à nous perfectionner,
forts de l'antique devise : *Si vis pacem, para bellum.*

Faire l'historique et l'éloge de la *Croix-Rouge* à
Reims, c'est connaître un des côtés de la charité et du
patriotisme rémois, c'est proclamer le nom de quelques-
uns de nos concitoyens qui ont bien mérité de la ville
reconnaissante.

---

chés à ces divers Comités, dont plusieurs ont déjà organisé des
conférences pour les dames infirmières et les brancardiers infirmiers.

La casquette réglementaire a été remise à ces derniers qui,
plus tard recevront la tenue complète.

Le matériel, composé actuellement de lits, brancards, boîtes
de pharmacie, sacoches d'ambulance, etc., sera incessamment
augmenté par de nouvelles acquisitions.

Des dames s'occupent de la lingerie et confectionnent des pièces
de pansement.

APPENDICE

Personnel de l'Infirmerie de la Gare de Reims.

Chef de l'Infirmerie de Gare, M. le Dr Decès, O. I., ⊗.

Administrateurs . . .
{ MM. Farre, N., ✳.
Neveux, Ch.

Médecins . . . .
{ MM. les Drs Lévêque.
— Habran.
— Harman.
— Fiselbrand.
— Moret.
— Weill.

Pharmaciens . . . . . .
{ MM. Valser, ⊗.
Grandval, ⊗.
Saint-Aubin.
Lamorlette.

Comptabilité . . . . . .
{ MM. G. Dubois, trésorier du Comité.
Fourtet, E., aide comptable.
Loth, Eug.   d°

Service religieux . . .
{ MM. l'abbé Bonnaire, culte catholique.
le pasteur Lauga, culte protestant.
le rabbin Hermann, culte israélite.

Aménagement des Ambulances.
{ MM. Lamy, architecte, inspecteur des locaux.
Brunette fils, ⊗, architecte, inspecteur des locaux.

Matériel . . . .
{ MM. Leguay, Augustin, inspecteur du matériel.
Forêt, J., directeur du matériel.

Alimentation . . . . . .
Bordier, Ch. *(Buffet de la Gare)*.

Brancardiers Infirmiers.

Président......... MM. Cordier, Ch.
Vice-Président..... Huet, Ch.
Secrétaire........ Janin.
Vice-Secrétaire .... Lambert, F^d.

Chefs de Section ... { Fruchart, J.-B.
{ Godret.
{ Bernard.

MM. Roos, Isaac.
Dubuc, Félix.
Hériey, Jean.
Tritant, Jean-Franç.
Devraine, Pier.-Louis.
André, Jean-Pierre.
Larquelay (de), Louis.
Drumelle, Ernest.
Person, Jul.-Arth.-Élis.
Moïse, Léopold.
Demorgny, Émile.
Noel, Émile-Fabien.
Hupin, Émile.
Rocourt, Albert.
Morin, Lucien-Maurice.
Morin, Gaston.
Bacquenois, Médard.
Aché, Ant.-Alexandre.
Clicquot.
Grataloup, Pier.-Henr.
Prévost, Amédée.

MM. Guerlet, Jean.
Lévy, Félix.
Budker, Paul.
Lecuir, Charles.
Varlette, Hon.-Alex.
Percheron, Adrien.
Wallon, Cyrille.
Ruyer, Georges.
Dervin, Edmond.
Lévy, Ernest.
Dubois, Alfred.
Leleux, Louis-Franç.
Chapuis, Edm., membre
correspondant pour
Cernay-les-Reims.
Héry, Julien.
Silbat, Charles.
Mauroy, Léon.
Martin, Aug.-Isidore.
Guillot, Jules.
Hornung.

Matériel.

Brancards simples 30
Brancards à 2 roues. . . 2
Voiture à 4 roues, pour
    blessés couchés. 1
Appareil de transfor-
    mation pour voitures.
    de pays ou wagons. . 1
Tente d'ambulance. . . . 1
Boîte de chirurgie. 1
Trousse de médecin. . . 1
Trousses d'infirmiers. . 12
Sac d'ambulance. 1
Sacoche d'ambulance. . 1
Musettes de brancar-
    diers. 13
Boîte à pansements. . . . 1
Pharmacie portative. . . 1
Table à opérations. . . . 1
Gouttières pour mem-
    bres fracturés.
Attelles.
Bureau complet de mé-
    decin.
Tables de nuit. 50

Chaises de nuit, fau-
    teuils, chaises.
    Lits complets 200
Draps.
Chemises pour malades et
    blessés.
Linge de service.
Linge de pansement.
Ustensiles de cuisine.

---

*Objets divers à l'usage
des malades.*

MÉDICAMENTS.

Produits antiseptiques sus-
ceptibles de conservation
et renouvelés par la Pharmacie de l'Hôtel-Dieu.

DIVERS.

Drapeaux, — Fanions, —
Brassards, etc.

Engagements pour Emplacement

<table>
<tr><td colspan="2">Avec Lits.</td><td colspan="2">Sans Lits.</td></tr>
<tr><td>Pensionnat des Frères, rue de Venise</td><td>250</td><td>Pensionnat des Frères</td><td>100</td></tr>
<tr><td>Petit Séminaire</td><td>150</td><td>M. J. Holden</td><td>100</td></tr>
<tr><td>Collège Saint-Joseph</td><td>100</td><td>Mme Veuve H^y Goulet</td><td>60</td></tr>
<tr><td>Grand Séminaire</td><td>50</td><td>MM. Berney, Gérard et Cie</td><td>50</td></tr>
<tr><td>Pensionnat de l'Enfant-Jésus</td><td>50</td><td>MM. H. Thuillier</td><td>30</td></tr>
<tr><td>Communauté de la Divine-Providence</td><td>40</td><td>E. L'Hoste</td><td>30</td></tr>
<tr><td>Hospice des Petites-Sœurs des Pauvres</td><td>40</td><td>George Goulet</td><td>25</td></tr>
<tr><td>Orphelinat de Bethléem</td><td>30</td><td>Orphelinat de Bethléem</td><td>20</td></tr>
<tr><td>Communauté de Nazareth</td><td>30</td><td>MM. S. Dauphinot père et fils</td><td>40</td></tr>
<tr><td>Congrégation de N.-D.</td><td>30</td><td>Sœurs de Saint-Vincent de Paul, rue de Bétheny</td><td>25</td></tr>
<tr><td>Commun. des Sœurs de l'Espérance</td><td>25</td><td>TOTAL...</td><td>480</td></tr>
<tr><td>TOTAL...</td><td>795</td><td></td><td></td></tr>
</table>

Engagements pour Chevaux et Voitures.

MM.

le comte Werlé...........	1 voiture, 2 chevaux et cocher.
de Tilly..................	2 voitures d'apprêteur, 4 chev.
Mathelin, Floquet et Bonnet.	2 voitures d'apprêteur, 2 chev.
Houpin (Ernest)...........	2 voitures d'apprêteur, 4 chev.
Laval (Charles)	2 voitures d'apprêteur, 2 chev.
Neuville frères	1 voiture d'apprêteur, 1 chev.
Maillet	1 voiture d'apprêteur, 2 chev.
Poirrier et Mortier	2 voitures d'apprêteur, 4 chev.
Audoire	1 voiture d'apprêteur, 1 chev.
Jacquinet.................	1 voiture d'apprêteur, 1 chev.
Détré (Léon)	1 voiture d'apprêteur, 1 chev.
Jacquinet et Concé........	1 voiture d'apprêteur, 1 chev.
Lucien Fay	1 voiture d'apprêteur, 1 chev.
Lassalle	1 voiture d'apprêteur, 1 chev.
Dauphinot Père et Fils.....	1 camion, 2 chev.

La Compagnie des Petites-Voitures, 1 voiture à 4 places pour le service du Comité et 2 chevaux.

Soit : 21 voitures et 30 chevaux.

16543 — Imprimerie de l'Académie (N. Monce, dir.), rue Pluche, 24, Reims.

86